まんぷく
みそ汁

堤 人美

宝島社

はじめに

朝も、夜も、
私の食卓に欠かせない「みそ汁」。
食べるとほっと温かさに包まれ、
チカラや元気がわいてくる料理です。

わが家の定番みそ汁は、
"だしのうま味を効かせ、みそは少なめ"にしたもの。
食材の味や食感をより実感でき、最後までおいしく、
飽きずに食べることができます。

好きな具は、卵、豆腐、わかめと、シンプルですが、
気分に合わせてフレッシュな野菜や香り野菜を入れたり、
肉や魚介を加えたり……と、
食材を制限せず、自由に楽しめるのもいいところ。
ぐつぐつ煮込んで作るというよりは、
煮びたしを作るようにさっと火を通し、
食材の食感や風味を生かすことも、大事にしています。

その日の献立に合わせて具材を変えるだけで
メインおかずとしても、サブおかずとしても
私たちの体を支えてくれる「みそ汁」。
"だし汁"と"みそ"だけでも栄養がたっぷりですが、
身近な食材はもちろん、旬の食材もたくさん入れて、
お腹も心もしっかりと満たす"一杯"にしましょう。

堤 人美

「みそ汁」が

step 1
具材を
好きな大きさに
ざくざく切って

step 2
うま味があふれる
だし汁で
さっと火を通す

あれば、お腹いっぱい。

step 3
みそを少なめに溶き、
素材の味を
ぐっと引き出せば

step 4
食べ応えのある、
具だくさん
"みそ汁"が完成

contents

2 _ はじめに
4 _ 「みそ汁」があれば、お腹いっぱい。
8 _ 「みそ」のこと
9 _ 「具」のこと
10 _ 「だし」のこと

part 1 まんぷく みそ汁

14 _ 玉ねぎと鶏ひき肉
16 _ 鶏だんごと薄切り大根
18 _ ひき肉とどっさりもやし
20 _ 里いものにんにく豚汁
22 _ 豚バラ肉とゴーヤ
23 _ 豚肉とさつまいも
24 _ サンラータンみそ汁
26 _ しっとり鶏むね肉と、むきなす
28 _ 鶏肉、パクチー、春雨の辛味オイル
30 _ 鶏ささ身とピーラーにんじん
31 _ 鶏肉とピーマン
32 _ キャベツとささ身の
　　　　ゆずこしょう風味
34 _ 手羽中サムゲタン風

36 _ 手羽中とこんがりれんこん
38 _ 牛こま、里いも、玉ねぎ
40 _ 牛肉、しいたけ、長いも
42 _ ベーコンとかぼちゃ
43 _ ベーコンとセロリ
44 _ ソーセージとアボカド、トマト
45 _ ソーセージと焼き大根
46 _ ハムとカリフラワー
47 _ コンビーフとクレソン
48 _ 生ハムとじゃがいも、ブロッコリー
50 _ たらと白菜
52 _ たら、じゃがいものごま風味
53 _ 鮭とかぶ
54 _ 鮭、いくら、餅
56 _ めかじきと焼きねぎ
58 _ いわしのつみれ
60 _ しじみと厚揚げ
62 _ あさりと、ひらひら大根
64 _ ツナと豆腐の冷汁風
66 _ ツナと白菜
67 _ さば缶と小松菜
68 _ 明太子とかぶ、豆乳汁
70 _ さつま揚げ、チンゲン菜
71 _ かまぼことわけぎ、わさび風味

72_ 卵豆腐と春菊	100_ つぶし大豆とパセリ
73_ 豆腐とねぎ	102_ 油揚げと水菜
74_ モロヘイヤと落とし卵	104_ みじん切りハムとサラダ菜
75_ 卵とちくわ、青のり風味	105_ わかめとベビーリーフ
76_ 手羽元となすのスープカレー	106_ レタスのサラダ風
78_ きのこと桜えび	107_ レタスとかに風味かまぼこ
79_ 焼きとうもろこしとアボカド	108_ むききゅうり
80_ 薄切りごぼうとパセリ	109_ チンゲン菜
81_ パプリカとカマンベール	110_ 焼き白菜、ごま油風味
82_ かぶ、さやいんげん、スナップえんどう	112_ レンジ蒸しなす
84_ ズッキーニとマッシュルームの	113_ ピーラーズッキーニ
バター炒め	114_ キムチチーズ
86_ 冬瓜と干しえび	115_ コーンと牛乳
88_ 九条ねぎと餅	116_ トマトと粉チーズ
	117_ ざく切りブロッコリーと豆乳

part 2 シンプル みそ汁

	118_ 焼きれんこん
	119_ 長いものすりおろしと青のり
	120_ 焼きさつまいもとチーズ
92_ 卵と湯葉、からし風味	122_ じゃがいも
94_ 卵と絹さや	123_ スライスオニオン
96_ ひきわり納豆とにら	124_ えのきたけ
98_ にらと揚げ玉	125_ みょうが
99_ もずくトマト	126_ クレソン
	127_ パクチーとしじみ

この本の
約束ごと

※レシピ内の分量で、1カップは200㎖、大さじ1は15㎖、小さじ1は5㎖です。
※「だし汁」は特に明記がないものは、削り節と昆布でとったものです。
※「みそ」は特に明記がないものは、好みのみそやお持ちのみそをご使用ください。
※電子レンジのワット数は600Wです。メーカーや機種によって加熱具合が異なる場合が
　ありますので、加熱時間は参考値として様子をみながら調整してください。

「みそ」のこと

いろいろな種類が出回り、どれを選んだらいいのか、迷う人も多いのでは？ 代表的なみそを4種類ご紹介しますので、好みやその日の献立に合わせて取り入れてみてください。

信州みそ

全国で最も多く食べられている、辛口のみそ。長野県を中心に生産されていて、塩味が強く、どんな食材ともよく合う、万能さが魅力です。だし汁との相性もいいので、素材を選ばずに活用でき、みそ汁にも最適です。

合わせみそ

白みそと赤みそなど、2種類以上のみそを組み合わせたもの。オススメは、辛口の「信州みそ」と、甘口の「四国のみそ」など、味わいや産地が大きく離れているものを合わせること。味に変化が出て、深みやうま味が増します。

赤みそ

熟成期間が長く、奥深いコクを感じられる赤褐色のみそ。トマト、なす、みょうが、しじみなど、夏が旬の素材ともよく合い、疲れや夏バテを感じたときには、積極的に食べたいもののひとつ。パワー補給にも効果的です。

白みそ

短期間で熟成させた、甘みの強いみそ。やさしい味わいは、白菜やかぶ、里いも、卵などと合わせてみそ汁にすると美味。甘さに飽きたり、物足りなさを感じないよう、一味とうがらしや練りがらしを加えて、味を引き締めるのも◎。

「具」のこと

みそ汁のいいところは、アレンジの幅が広いこと。その日の体調はもちろん、食べる時間や季節によって"具材"を変えることで、体にそっと寄り添い、元気を与えてくれます。

時間で

時間がない「朝」は、火の通りが早く、さっと用意できる具材がオススメ。さらに噛み応えのあるものよりも、口当たりのやわらかなもののほうが食べやすいです。「夜」は、メインのおかずに合わせてバランスよくまとめるほか、一品でも満足できるような、ガッツリとボリュームがあるものでも。

体調で

体に欠かせない必須アミノ酸やビタミン、ミネラルなどを豊富に含む"みそ汁"は、まさに健康食。体調がすぐれないときや、疲れたときにこそ積極的に食べて欲しい一品です。疲労回復に効く"赤みそ、しじみ、納豆、にら"や、食欲がなくても食べやすい"卵、豆腐"などを取り入れると、効果的です。

季節で

旬を迎えた野菜や魚介は、最も栄養価が高くなっているとき。みそ汁はどんな具材とも相性がいいので、手軽に旬の食材の栄養を取り入れられる絶好の料理です。旬の時期は価格も安定していて、近所のスーパーなどでも手に入れやすいので、丸ごと使っていろいろなおいしさを楽しみましょう。

「だし」のこと

おいしい"だし汁"は、みそ汁にとって絶対に欠かせないもの。基本のだしのとり方から、簡単に使えるものまで……、生活スタイルや気分に合わせて活用しましょう。

だしをとる

「水1ℓに昆布1枚（約10×15cm）を浸し、冷蔵室で2時間以上～ひと晩おく。鍋に移して弱火でゆっくり熱し、昆布のまわりにフツフツと気泡が出てきたら昆布を取り出す。中火にして削り節ひとつかみ（約20g）を加え、1分煮る。火を止め、ボウルにざる、厚手のペーパータオルを重ねて、だし汁をこす」昆布と削り節のうま味が詰まった基本のだし汁は、食材を選ばず、どんなみそ汁にも使えます。

みそに削り節を混ぜる

「好みのみそ250gに対し、削り節10～15gを加えて混ぜ合わせる」だし汁を用いなくても、湯にみそを溶くだけで、削り節の風味を感じることができます。削り節にプラスして、すりごまや煮干しの粉末、梅肉などを加えたり、上面に昆布をおいてふたをしても美味。大さじ1ずつラップで包み、小分けで保存しておけば、湯を注ぐだけで即席のみそ汁があっという間に作れます。

煮干しを
から煎りする

「煮干しは頭と腹わたを取って鍋に入れ、弱火で熱してから煎りする。香りが立ってきたら水を加え、あとは普通にみそ汁を作るだけ」煮干しは保存しておくと酸化してしまうので、まわりについた脂をから煎りでとばし、香ばしくしましょう。煮干しのうま味が効いただし汁は、野菜との相性も抜群です。

水出しを
する

「水1ℓに昆布10gを入れる。または水1ℓに昆布10g、干ししいたけ3〜4個、頭と腹わたを除いた煮干し5〜6尾を入れる。どちらも冷蔵室でひと晩おいておけばOK。冷蔵室で3〜4日は保存可能ですが、使い切れない場合は具材を取り除き、冷凍保存を」水に乾物を入れておくだけでだし汁が作れるので、忙しいときにも便利。

だしパックを
作る

「削り節や煮干しの粉末などを、茶葉などを入れる紙パックに入れて自家製のだしパックに」乾物は酸化しやすいので作りおきはせず、みそ汁を作る直前に準備しましょう。

市販品を
活用する

「市販のだしパックや粉末を活用する」さまざまな種類の"だし"が販売されているので、好みに合わせて取り入れても。だし汁をとる時間がないときにも重宝します。

part 1

まんぷく
みそ汁

みそ汁の常識にとらわれない、今まで食べたことのない
「ボリューム感」と「おいしさ」は、驚きと感動の連続。
一杯でしっかりと満足感を得られるので、
献立の主役にもオススメ。ぜひ、お試しください。

素材のおいしさがたっぷり詰まった一杯

玉ねぎと鶏ひき肉

材料・2人分

- 鶏ひき肉 ── 150g
- 玉ねぎ ── 1個　⇨ 4等分のくし形に切る
- 昆布（約5×5cm）── 1枚
- しょうが ── 1/2かけ　⇨ すりおろす
- 水 ── 2と1/2カップ
- みそ ── 大さじ2
- 粗びき黒こしょう ── 適量

作り方

① 鍋に分量の水、ひき肉を入れてほぐし、昆布を加える。中火で熱してアクが出てきたら除き、煮立ったら玉ねぎを加えて弱火にする。ふたを少しずらしてのせ、20分ほど煮る。

② ①にみそを溶き入れ、しょうがを加える。器に盛り、黒こしょうをふる。

ひき肉を水にほぐし入れ、うま味を活用！

ジューシーな肉だんごで食べ応え満点

鶏だんごと薄切り大根

材料・2人分

鶏ひき肉 —— 250g
大根 —— 3cm（80g） ⇨ 薄いいちょう切り
A ┌ 溶き卵 —— 1/2 個分
　├ ねぎ —— 1/4 本　⇨ みじん切り
　├ しょうが —— 1/2 かけ　⇨ すりおろす
　├ 酒、片栗粉 —— 各大さじ1
　└ 塩 —— 小さじ 1/3
だし汁 —— 2と1/2カップ
みそ —— 大さじ1

作り方

① ボウルにひき肉、Aを入れてよく練り混ぜ、6〜8等分に丸める。

② 鍋にだし汁を加えて中火で熱し、煮立ったら①、大根を加えて3〜4分煮る。みそを溶き入れ、器に盛って好みで粉山椒少々（分量外）をふる。

しっかり練ることで、ふっくら食感の肉だんごに

もやしは火を通しすぎず、食感を楽しんで

ひき肉とどっさりもやし

材料・2人分

- 豚ひき肉 —— 150g
- もやし —— 1袋（250g） ⇨ さっと洗う
- ザーサイ（味つき） —— 20g ⇨ 太めの細切り
- ごま油 —— 小さじ1
- だし汁 —— 2と1/2カップ
- みそ —— 大さじ1
- こしょう —— 少々

作り方

1. 鍋にごま油を中火で熱し、ひき肉、ザーサイを入れて1分ほど炒める。だし汁を加えて煮立ったら、もやしを加えてさっと煮る。

2. ①にみそを溶き入れ、器に盛ってこしょうをふる。

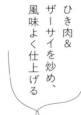

ひき肉＆ザーサイを炒め、風味よく仕上げる

スタミナ食材たっぷり！　元気が出るおいしさ

里いものにんにく豚汁

材料・2人分

- 豚バラ厚切り肉（焼き肉用）── 150g
- 里いも ── 4個（200g）
  ⇨ 皮をむいて2等分に切り、塩少々（分量外）をふってもみ込む。水で洗い、ぬめりを取り除く
- にんにく ── 4かけ
- ごま油 ── 小さじ2
- だし汁 ── 2と1/2カップ
- みそ ── 大さじ1と1/2
- 万能ねぎ ── 適量　⇨ 小口切り

作り方

① 鍋にごま油を入れて中火で熱し、豚肉、里いもを入れて油がまわるまで炒める。

② ①ににんにく、だし汁を加え、煮立ったら弱めの中火にしてふたを少しずらしてのせる。7～8分煮てアクを除き、にんにくと里いもがやわらかくなったら、みそを溶き入れる。器に盛り、万能ねぎを散らす。

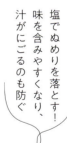

塩でぬめりを落とす！味を含みやすくなり、汁がにごるのも防ぐ

豚バラ肉とゴーヤ

ゴーヤの苦み×豚肉の甘みが食欲を刺激

材料・2人分

豚バラ薄切り肉 —— 100g　⇨ 3cm幅に切る
ゴーヤ —— 1/2本 (100g)
　⇨ 縦半分に切って種とわたを除き、薄切り
煮干し —— 8尾　⇨ 頭と腹わたを除く
水 —— 2と1/2カップ
みそ —— 大さじ1と1/2

作り方

① 鍋に煮干しを入れて弱火で熱し、香りが立つまでから煎りする。分量の水を加えて弱めの中火にし、5分ほど煮てアクを除く。

② ①に豚肉、ゴーヤを加えて2分ほど煮て、みそを溶き入れる。

コチュジャンを加え、
ひと味違ったみそ汁に

豚肉とさつまいも

材料・2人分

- 豚バラかたまり肉 —— 100g
  - ⇨ 1cm厚さに切り、塩、こしょう各少々（分量外）をふる
- さつまいも —— 小1/2本（150g）
  - ⇨ 小さめの乱切りにし、水に5分さらして水けをきる
- ごま油 —— 小さじ1
- 煮干し —— 8尾　⇨ 頭と腹わたを除く
- 水 —— 3カップ
- A [みそ、コチュジャン —— 各大さじ1]
- しょうが —— 1/2かけ　⇨ すりおろす

作り方

1. 鍋にごま油を中火で熱し、豚肉を入れて両面を1分30秒ずつ焼き、出てきた脂をペーパータオルで除く。さつまいもを加えてさっと炒め合わせ、煮干しを加えて香りが立つまで炒める。

2. ①に分量の水を加え、煮立たせる。ふたを少しずらしてのせ、さつまいもに竹串がスーッと通るまで5分ほど煮る。Aを溶き入れ、器に盛ってしょうがをのせる。

中華の人気メニューもみそ汁で堪能できる

サンラータンみそ汁

> 材料・2人分

豚バラ薄切り肉 —— 100g
　⇨ 5mm幅の細切り
絹ごし豆腐 —— 1/2丁（150g）
　⇨ 1cm角の棒状に切る
たけのこの水煮 —— 1/2個（約75g）
　⇨ 穂先は薄切りにし、根元は細切り
卵 —— 1個　⇨ 溶きほぐす
しょうが —— 1かけ　⇨ みじん切り
豆板醤 —— 小さじ1/3

ごま油 —— 小さじ2
A ｜ 水（またはだし汁）—— 2と1/2カップ
　 ｜ みそ —— 大さじ3
　 ｜ 酢 —— 大さじ1と1/2
　 ｜ こしょう —— 適量
B ｜ 片栗粉 —— 大さじ1
　 ｜ 水 —— 大さじ2

> 作り方

① 鍋にごま油を弱火で熱し、しょうが、豆板醤を入れて炒める。香りが立ってきたら豚肉、たけのこを加え、中火にして1分30秒ほど炒める。

② ①にAを加え、煮立ったらアクを除く。豆腐を加えてさっと煮、混ぜ合わせたBを加えてとろみをつける。溶き卵を回し入れて火を通し、器に盛る。

溶き卵は汁にとろみをつけてから加え、ふっくら火を通す

やさしい味わいに、梅干しの酸味をプラス

しっとり鶏むね肉と、むきなす

材料・2人分

鶏むね肉 —— 1/2 枚（約 130g）
　⇨斜めそぎ切りにし、片栗粉適量（分量外）を薄くまぶす
なす —— 3 本
　⇨皮をむいて縦 1cm幅の細切りにし、水に 5 分さらす
だし汁 —— 2 と 1/2 カップ
酒 —— 大さじ 2
みそ —— 大さじ 1
梅干し —— 1 個　⇨種を除き、果肉をたたく

作り方

① 鍋にだし汁、酒を入れて中火で熱する。煮立ったら鶏肉、なすを加えて弱めの中火にし、3 分ほど煮る。

② ①にみそを溶き入れ、器に盛って梅干しをのせる。

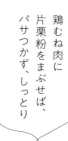

鶏むね肉に片栗粉をまぶせば、パサつかず、しっとり

ツルンとのどごしのいい春雨で食欲倍増

鶏肉、パクチー、春雨の辛味オイル

材料・2人分

- 鶏むね肉 —— 1/2枚（約130g） ⇨ ひと口大に切る
- 春雨 —— 30g ⇨ 水にさっとさらし、水けをきる
- パクチー —— 4株 ⇨ ざく切り
- だし汁 —— 2と1/2カップ
- みそ —— 大さじ1と1/2
- A ┌ ごま油 —— 大さじ1
    └ 豆板醤 —— 小さじ1

作り方

① 鍋に鶏肉、だし汁を入れて中火で熱し、煮立ったら3分ほど煮る。春雨を加えてさらに3分ほど煮、みそを溶き入れる。

② 器に盛ってパクチーをのせ、混ぜ合わせたAをかける。

ごま油×豆板醤を混ぜるだけ！風味豊かな、辛味オイルが完成

鶏ささ身とピーラーにんじん

バターの香りでコクとうま味がアップ

材料・2人分

- 鶏ささ身 —— 2本 ⇨ ひと口大に切る
- にんじん —— 1/2本（約75g） ⇨ ピーラーで薄切り
- だし汁 —— 2と1/2カップ
- 白みそ —— 大さじ3
- バター —— 小さじ2

作り方

① 鍋にだし汁、ささ身を入れて中火で熱し、煮立ったら弱火にして2分ほど煮る。

② ①にみそを溶き入れて10分ほど煮、火を止めてにんじんを加える。器に盛り、バターをのせる。

鶏肉とピーマン

だし汁不要！ 削り節ごと食べて、ムダもゼロ

材料・2人分

- 鶏もも肉 —— 1枚 ⇨ 1cm幅に切る
- ピーマン —— 3個 ⇨ 種とわたを除き、縦に細切り
- ごま油 —— 小さじ2
- 水 —— 2と1/2カップ
- 削り節 —— 1袋（4g）
- みそ —— 大さじ2

作り方

1. 鍋にごま油を中火で熱し、鶏肉を皮面から入れて両面を2分ずつ焼き、出てきた脂をペーパータオルで除く。ピーマンを加えてさっと炒め合わせ、分量の水を加えてひと煮立ちさせる。

2. ①に削り節を加えて2分ほど煮、みそを溶き入れる。器に盛り、削り節少々（分量外）をのせる。

余りがちな調味料も、みそ汁で大活躍

キャベツとささ身の ゆずこしょう風味

材料・2人分

キャベツ —— 1/4個（250g） ⇨ 2cm四方に切る
鶏ささ身 —— 2本 ⇨ 7mm厚さの斜めそぎ切り
だし汁 —— 2と1/2カップ
みそ —— 大さじ1
ゆずこしょう —— 小さじ1

作り方

① 鍋にだし汁を入れて中火で熱し、煮立ったらささ身を加えて2分ほど煮る。アクが出てきたら除き、キャベツを加えてしんなりとするまで3分ほど煮る。

② ①にみそ、ゆずこしょうを溶き入れる。

ゆずこしょうのさわやかな辛さが、みそ汁と驚くほどよく合う！

ごま油やキムチを加えてアレンジしても！

手羽中サムゲタン風

材料・2人分

鶏手羽中 — 8本　⇨ 塩、こしょう各少々（分量外）をふる
しいたけ — 2個　⇨ 石づきを除く
A ┌ にんにく — 2かけ
　 │ しょうがの薄切り（皮つきのもの） — 6枚
　 └ 水 — 2と1/2カップ
雑穀 — 大さじ4
　　⇨ 茶こしに入れて洗い、水けをきる
みそ — 大さじ1

作り方

① 鍋に手羽中、しいたけ、Aを入れて中火で熱し、煮立ったら5分ほど煮る。

② ①に雑穀を加え、弱めの中火にして10分ほど煮、みそを溶き入れる。

骨付き肉＆雑穀を加えれば、手軽にサムゲタン風を楽しめる

お腹をしっかり満たす、ボリューム感
手羽中とこんがりれんこん

材料・2人分

鶏手羽中 ── 6本　⇨ 塩、こしょう各少々（分量外）をふる
れんこん ── 1節（200g）　⇨ 小さめの乱切りにして
　　水に5分さらし、水けをしっかりふく
ごま油 ── 小さじ2
水 ── 2と1/2カップ
みそ ── 大さじ2
黒七味とうがらし ── 好みで少々

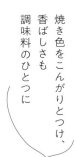

焼き色をこんがりとつけ、香ばしさも調味料のひとつに

作り方

① 鍋にごま油を中火で熱し、手羽中、れんこんを入れて3分ほど焼きつける。分量の水を加えて煮立ったら、弱めの中火にして10分ほど煮て、アクを除く。

② ①にみそを溶き入れて器に盛り、好みで黒七味とうがらしをふる。

献立のメインになる、ガッツリみそ汁

牛こま、里いも、玉ねぎ

材料・2人分

牛こま切れ肉 —— 150g
里いも —— 4個（200g）
　⇨ 皮をむいて1.5cm厚さに切り、塩少々（分量外）をふって
　　もみ込む。水で洗い、ぬめりを取り除く
玉ねぎ —— 1/2個　⇨ 3cm角に切る
だし汁 —— 3カップ
みそ —— 大さじ1と1/2
にんにく —— 好みで1/2かけ　⇨ すりおろす

作り方

① 鍋にだし汁、里いも、玉ねぎを入れて中火で熱し、ひと煮立ちさせる。アクを除きながら弱めの中火にし、ふたを少しずらしてのせて10分ほど煮る。牛肉を加え、さっと煮る。

② ①にみそと好みでにんにくを溶き入れる。

牛肉は炒めず、直接煮汁へ入れてOK やわらかな食感に

牛肉×しいたけのうま味で奥深い味に
牛肉、しいたけ、長いも

材料・2人分

牛切り落とし肉 — 150g
しいたけ — 4個　⇨ 石づきを除き、半分に切る
長いも — 100g　⇨ スライサーでせん切り
オリーブ油 — 小さじ1
だし汁 — 2と1/2カップ
みそ — 大さじ2

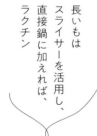

長いもはスライサーを活用し、直接鍋に加えれば、ラクチン

作り方

1. 鍋にオリーブ油を中火で熱し、牛肉、しいたけを入れて1分30秒ほど炒める。だし汁を加えてひと煮立ちさせ、アクを除いて3分ほど煮る。

2. ①にみそを溶き入れ、長いもをスライサーでせん切りにしながら加え、ひと煮する。

ベーコンとかぼちゃ

スパイシーなカレー粉がアクセント

材料・2人分

- ベーコン（スライスタイプ） ── 3枚 ⇨ 3cm幅に切る
- かぼちゃ ── 1/6個（150g）
  ⇨ 種とわたを除き、1.5cm角に切る
- バター ── 小さじ2
- だし汁 ── 2と1/2カップ
- みそ ── 大さじ2
- カレー粉 ── 少々

作り方

1. 鍋にバターを中火で熱し、ベーコン、かぼちゃを入れてさっと炒める。だし汁を加えて煮立ったら、弱めの中火にしてかぼちゃに竹串がスーッと通るまで5〜6分煮て、みそを溶き入れる。

2. 器に盛り、カレー粉をふる。

ベーコンとセロリ

セロリの香りとベーコンのコクが相性抜群

材料・2人分

- ベーコン（スライスタイプ）—— 4枚　⇨ 2cm幅に切る
- セロリ —— 1本　⇨ 茎は筋を除いて1cm幅の斜め切りにし、葉はざく切り
- だし汁 —— 2と1/2カップ
- みそ —— 大さじ2

作り方

① 鍋にだし汁を入れて中火で熱し、煮立ったらセロリの茎、ベーコンを入れて1分30秒ほど煮る。

② ①にみそを溶き入れ、セロリの葉を加えてさっと煮る。

ソーセージとアボカド、トマト

新定番！洋食材もみそ汁とおいしくマッチ

材料・2人分

- ウインナーソーセージ —— 4本 ⇨ 2cm幅に切る
- アボカド —— 1/2 個
  ⇨ 種と皮を除き、ひと口大に切る
- トマト —— 1個 ⇨ へたを取り、ひと口大に切る
- だし汁 —— 2と1/2 カップ
- みそ —— 大さじ1

作り方

鍋にだし汁、ソーセージを入れ、中火で熱する。煮立ったらアボカド、トマトを入れて3分ほど煮て、みそを溶き入れる。

ソーセージと焼き大根

食材を大胆に使った、大満足の一杯

材料・2人分

- ウインナーソーセージ —— 4本
- 大根 —— 4cm ⇨ 1cm厚さの輪切りにし、片側の断面に格子状の切り込みを入れる
- オリーブ油 —— 小さじ2
- だし汁 —— 2と1/2カップ
- みそ —— 大さじ1と1/2

作り方

鍋にオリーブ油を中火で熱し、大根を入れて両面を2分30秒ずつ焼く。ソーセージを加えてさっと炒め、だし汁を加えて煮立たせる。弱めの中火にしてふたを少しずらしてのせ、大根に竹串がスーッと通るまで10分ほど煮て、みそを溶き入れる。

ハムとカリフラワー

ハムからも、うま味がたっぷり出る！

材料・2人分

ハム —— 2枚　⇨ みじん切り
カリフラワー —— 1/3株 (100g)
　⇨ 小房に分け、縦半分に切る
だし汁 —— 2と1/2カップ
みそ —— 大さじ1と1/2

作り方

鍋にだし汁を入れ、中火で熱する。煮立ったらカリフラワー、ハムを入れて4分ほど煮て、みそを溶き入れる。

コンビーフとクレソン

クレソンの辛みとコンビーフの塩味が合う

材料・2人分

コンビーフ —— 40g
クレソン —— 2束
⇨ 葉先は摘み、茎は 3〜4cm長さの斜め切り
だし汁 —— 2と1/2カップ
みそ —— 大さじ1

作り方

鍋にだし汁を入れて中火で熱し、煮立ったらみそを溶き入れる。コンビーフ、クレソンを加え、さっと煮る。

塩味や食感のバランスが絶妙！　飽きずに食べられる

生ハムとじゃがいも、ブロッコリー

材料・2人分

生ハム —— 1枚　⇨ 半分にちぎる
じゃがいも —— 2個
　⇨ 1cm幅のいちょう切りにし、水に5分さらして水けをきる
ブロッコリー —— 1/3株（100g）　⇨ ざく切り
だし汁 —— 2と1/2カップ
みそ —— 大さじ2

作り方

1　鍋にだし汁、じゃがいもを入れて中火で熱し、ひと煮立ちさせる。ブロッコリーを加え、5分ほど煮る。

2　①にみそを溶き入れ、器に盛って生ハムをのせる。

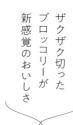

ザクザク切ったブロッコリーが新感覚のおいしさ

さわやかなレモンの香りを効かせて

たらと白菜

材料・2人分

生たら（切り身）——2切れ　⇨ 塩少々（分量外）をふって
　　　10分おき、水けをふいて4等分に切る
白菜——2枚　⇨ 縦半分に切り、1.5〜2cm幅に切る
だし汁——2と1/2カップ
レモン汁——小さじ1
バター、みそ——各大さじ1

作り方

鍋にだし汁、たらを入れて中火で熱し、ひと煮立ちさせる。白菜を加えて5分ほど煮、レモン汁、バターを加えて、みそを溶き入れる。

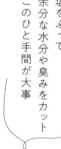

塩をふって、余分な水分や臭みをカットこのひと手間が大事

たら、じゃがいものごま風味

ごまの香ばしさとバターのコクも後を引く!

材料・2人分

- 生たら(切り身) —— 2切れ　⇨ 塩少々(分量外)をふって10分おき、水けをふいて4等分に切る
- じゃがいも —— 2個　⇨ 4等分のくし形に切り、水に5分さらして水けをきる
- だし汁 —— 2と1/2カップ
- みそ —— 大さじ2
- 白すりごま —— 大さじ1
- バター —— 10g

作り方

① 鍋にじゃがいも、だし汁を入れて中火で熱し、煮立ったら弱めの中火にして5分煮る。たらを加えて2分ほど煮、みそを溶き入れる。

② 器に盛って白ごまをふり、バターをのせる。

鮭とかぶ

大きく切った食材で、空腹をしっかり満たす

材料・2人分

- 生鮭(切り身) —— 2切れ ⇨ 塩少々(分量外)をふって10分おき、水けをふいて4等分に切る
- かぶ —— 3個 ⇨ 茎を2cmほど残して4等分のくし形に切り、葉と茎は小口切り
- しょうが —— 1/2かけ ⇨ すりおろす
- だし汁 —— 2と1/2カップ
- みそ —— 大さじ2

作り方

鍋にかぶ、だし汁を入れて中火で熱し、煮立ったら鮭を加えて5分煮る。しょうがを加えてみそを溶き入れ、かぶの茎と葉を加えてさっと煮る(※かぶの葉は少量を取り分けておき、仕上げに散らしてもOK)。

贅沢なおいしさに、感動間違いなし！

鮭、いくら、餅

材料・2人分

生鮭(切り身) —— 2切れ　⇨ 塩少々(分量外)をふって10分おき、水けをふいて4等分に切る
いくら —— 小さじ2〜3
切り餅 —— 2個
だし汁 —— 2と1/2カップ
みそ —— 大さじ1と1/2

作り方

① 鍋にだし汁を入れて中火で熱し、煮立ったら鮭を加えて3分ほど煮る。切り餅を加えてやわらかくなるまで煮て、みそを溶き入れる。

② ①を器に盛り、いくらをのせる。

切り餅は焼かずに加え、とろっと、なめらかな口当たりに

ジューシーなねぎ×めかじきのうま味がたまらない

めかじきと焼きねぎ

材料・2人分

- めかじき（切り身）── 2切れ　⇨ 塩少々（分量外）をふって10分おき、水けをふいて4等分に切る
- ねぎ ── 1本　⇨ 3cm長さに切る
- オリーブ油 ── 小さじ2
- だし汁 ── 2と1/2カップ
- みそ ── 大さじ1
- ゆずこしょう ── 小さじ1/2

作り方

1. 鍋にオリーブ油を中火で熱し、ねぎを入れて転がしながら3分ほど焼く。こんがりと焼き色がついたらだし汁を加え、5分煮る。

2. ①にめかじきを加えてさっと煮、みそ、ゆずこしょうを溶き入れる。

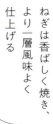

ねぎは香ばしく焼き、より一層風味よく仕上げる

ごろっと大きなつみれに、心も弾む！

いわしのつみれ

材料・2人分

- いわし（三枚におろしたもの）—— 3尾分　⇨ 皮を除き、粗く刻む
- A
  - ねぎ（青い部分）—— 5cm　⇨ みじん切り
  - しょうが —— 1かけ　⇨ みじん切り
  - 酒、片栗粉 —— 各小さじ1
  - みそ —— 小さじ1/2
- だし汁 —— 2と1/2カップ
- みそ —— 大さじ1と1/2
- ねぎ —— 2/3本　⇨ 7mm幅の小口切り
- 七味とうがらし —— 好みで少々

作り方

1. まな板にいわし、Aの順でのせ、包丁で細かくたたきながらよく練り合わせる。

2. 鍋にだし汁を入れ、中火で熱する。煮立ったら①をスプーンで1/8〜1/6量ずつすくって形を整え、落とし入れる。3分ほど煮てみそを溶き入れ、ねぎを加えてさっと煮る。器に盛り、好みで七味とうがらしをふる。

いわしは皮を除き、しっかりとたたくことでやわらかなつみれに

素材のうま味が広がり、ほっと癒やされる

しじみと厚揚げ

材料・2人分

しじみ ── 100g　⇨ 水に1時間ほど浸し、
　流水で殻をこすり合わせてよく洗う
厚揚げ ── 1枚(170g)　⇨ 油をふき、1〜2cm角に切る
A ┌ 水 ── 2と1/2カップ
　├ 昆布(約5×5cm) ── 1枚
　└ 酒 ── 小さじ2
赤みそ ── 大さじ1と1/2

作り方

① 鍋にしじみ、Aを入れて弱めの中火で熱し、煮立たせないように10分ほど煮る。しじみの殻が開いたらアクを除き、厚揚げを加えて2分煮る。

② ①にみそを溶き入れる。

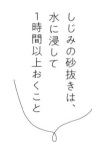

しじみの砂抜きは、水に浸して1時間以上おくこと

大根は薄〜く切ることで、食感も楽しめる

あさりと、ひらひら大根

材料・2人分

あさり —— 250g
　⇨ 塩水に2時間以上浸し、
　　流水で殻をこすり合わせてよく洗う
大根 —— 3cm (60g)
A ┌ 水 —— 2と1/2カップ
　 └ 昆布（約5×5cm）—— 1枚
みそ —— 大さじ1と1/2

作り方

① 鍋にあさり、Aを入れて弱めの中火で熱し、煮立ってきたら10分ほど煮る。あさりの殻が開いたらアクを除き、みそを溶き入れる。

② ①に大根をスライサーで薄い輪切りにしながら加え、火を止める。

あさりの砂抜きは、暗くして塩分濃度3％の塩水に2時間以上浸す

そうめんと合わせ、"つけめん" にしてどうぞ

ツナと豆腐の冷汁風

材料・2人分

A ┌ ツナ缶 —— 1缶 (135g) ⇨ 缶汁をきり、ほぐす
　├ 木綿豆腐 —— 1/2丁 (150g) ⇨ 軽くつぶす
　├ きゅうり —— 1本
　│　⇨ 皮を縞目にむき、薄い小口切りにする。
　│　　塩少々（分量外）をふって3分ほどおき、水けをしぼる
　├ しょうが —— 1かけ ⇨ すりおろす
　├ だし汁 —— 2と1/2カップ
　└ みそ —— 大さじ3
白いりごま —— 小さじ2

作り方

① ボウルにAを入れ、みそを溶かしながらよく合わせる。ラップをかけ、冷蔵室で2時間ほど冷やす。

② ①を器に盛り、白ごまを散らす。好みでそうめん適量（分量外）を袋の表示通りにゆでて冷水に取り、もみ洗いして水けをきってから添える。

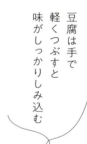

豆腐は手で軽くつぶすと味がしっかりしみ込む

ツナと白菜

さっと作れて、しみじみおいしい！

材料・2人分

ツナ缶 —— 1缶 (135g)　⇨ 缶汁をきり、ほぐす

白菜 —— 2枚　⇨ 2cm幅に切る

だし汁 —— 2と1/2カップ

みそ —— 大さじ1と1/2

焼きのり —— 適量

作り方

1. 鍋にだし汁を入れて中火で熱し、煮立ったらみそを溶き入れる。

2. ①にツナ、白菜を加え、ひと煮立ちさせる。器に盛り、焼きのりをちぎって散らす。

さば缶と小松菜

さばは缶汁ごと加えて、栄養もたっぷり

材料・2人分

- さば水煮缶 —— 1缶 (190g)
- 小松菜 —— 3株 ⇨ 4cm長さに切る
- だし汁 —— 2と1/2カップ
- みそ —— 大さじ2

作り方

1. 鍋にだし汁を入れて中火で熱し、煮立ったらさばを缶汁ごと加えてさっと煮る。

2. ①にみそを溶き入れ、小松菜を加えてさっと煮る。

煮汁にとろみをつけ、かぶにしっかりからませる
明太子とかぶ、豆乳汁

材料・2人分

辛子明太子 —— 1/2 腹
  ⇨ 薄皮に切り込みを入れ、中身をしごき出してほぐす
かぶ —— 2個 ⇨ 茎を2cmほど残して皮をむき、
  葉は少量を小口切り
だし汁 —— 2カップ
みそ —— 大さじ1
豆乳（成分無調整）—— 1/2カップ
A ｛ 水 —— 大さじ2
    片栗粉 —— 大さじ1

作り方

① 鍋にだし汁、かぶを入れて中火で熱する。煮立ったらふたを少しずらしてのせ、弱火にしてかぶがやわらかくなるまで10分ほど煮る。明太子を加え、みそを溶き入れる。

② ①に豆乳を加えてひと煮し、混ぜ合わせたAを加えてとろみをつける。器に盛り、かぶの葉を散らす。

豆乳は煮立たせないよう、温める程度に加熱して分離を防ぐ

さつま揚げ、チンゲン菜

豆板醤の辛みとさつま揚げの甘みが好相性

材料・2人分

- さつま揚げ —— 3枚
  - ⇨ 半分に切り、2cm幅に切る
- チンゲン菜 —— 2株　⇨ 2cm長さに切る
- だし汁 —— 2と1/2カップ
- みそ —— 大さじ1と1/2
- 豆板醤 —— 少々

作り方

① 鍋にだし汁、さつま揚げを入れて中火で熱し、煮立ったらチンゲン菜を加えてさっと煮る。

② ①にみそを溶き入れ、器に盛って豆板醤をのせる。

かまぼことわけぎ、わさび風味

香り豊かなわさびで、味が引き締まる

材料・2人分

- かまぼこ —— 1/2 本（100g） ⇨ 1cm角の棒状に切る
- わけぎ —— 4 本 ⇨ 2cm幅の斜め切り
- オリーブ油 —— 小さじ 1
- だし汁 —— 2 と 1/2 カップ
- みそ —— 大さじ 2
- 練りわさび —— 少々

作り方

1. 鍋にオリーブ油を中火で熱し、かまぼこを入れてさっと焼きつける。だし汁を加えてひと煮立ちさせ、みそを溶き入れてわけぎを加える。

2. ①を器に盛り、練りわさびを添える。

卵豆腐と春菊

リピート必至！ 春菊の香りがクセになる

材料・2人分

- 卵豆腐 —— 1個（100g）　⇨ 1cm角に切る
- 春菊 —— 1/2束　⇨ 葉先を摘む
- だし汁 —— 2と1/2カップ
- みそ —— 大さじ1と1/2

作り方

1. 鍋にだし汁を入れて中火で熱し、煮立ったらみそを溶き入れる。
2. ①に卵豆腐、春菊を加え、さっと煮る。

豆腐とねぎ

豆腐はつぶすことで、ひと味違った味わいに

材料・2人分

- 木綿豆腐 —— 1/2丁（150g）
- ねぎ —— 10cm　⇨ 小口切り
- だし汁 —— 2と1/2カップ
- みそ —— 大さじ1と1/2
- 粉山椒 —— 好みで少々

作り方

鍋にだし汁を入れて中火で熱し、煮立ったら豆腐を手でつぶしながら加える。弱めの中火にして3分ほど煮て、みそを溶き入れる。器に盛ってねぎをのせ、好みで粉山椒をふる。

モロヘイヤと落とし卵

とろっとした口当たりが、食欲をそそる

材料・2人分

- モロヘイヤ —— 1袋 (80g)
  ⇨ 葉先を摘む
- 卵 —— 2個
- 煮干し —— 8尾
  ⇨ 頭と腹わたを除く
- 水 —— 2と1/2カップ
- みそ —— 大さじ2

作り方

1. 鍋に湯を沸かし、モロヘイヤを入れてさっとゆでる。水にさっとさらして水けをしぼり、3cm長さに切る。

2. 鍋に煮干しを入れて弱火で熱し、香りが立つまでから煎りする。分量の水を加えて弱めの中火にし、5分ほど煮てアクを除く。みそを溶き入れて①を加え、卵を割り落として好みの状態まで火を通す。

卵とちくわ、青のり風味

磯辺揚げ好きには、たまらないおいしさ

材料・2人分

- ちくわ ── 4本　⇨ 5〜7mm幅の斜め切り
- 卵 ── 2個　⇨ 溶きほぐす
- 青のり ── 大さじ1
- だし汁 ── 2と1/2カップ
- みそ ── 大さじ2
- A［水 ── 大さじ2
　　片栗粉 ── 大さじ1］

作り方

① 鍋にちくわ、だし汁を入れて中火で熱し、煮立ったらみそを溶き入れる。弱めの中火にして混ぜ合わせたAを加え、とろみをつける。

② 溶き卵に青のりを加え、混ぜ合わせる。①を強火にして卵液を加え、さっと混ぜて火を止める。

カレー粉を加えるだけ！　アレンジも自由自在

手羽元となすのスープカレー

材料・2人分

鶏手羽元 —— 4本
　⇨ 骨に沿って切り込みを入れ、塩、こしょう各少々（分量外）をふる
なす —— 1本
　⇨ 皮を縞目にむいて長さを半分に切り、縦4等分に切って水に5分さらし、水けをきる
トマト —— 1個
　⇨ ヘタを取り、半分に切る

ゆで卵 —— 2個
オリーブ油 —— 小さじ1
カレー粉 —— 大さじ1
水 —— 3カップ
みそ —— 大さじ1と1/2

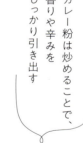

カレー粉は炒めることで、香りや辛みをしっかり引き出す

作り方

1. 鍋にオリーブ油を中火で熱し、手羽元を入れてこんがりと焼き色がつくまで3分ほど焼く。カレー粉を加えて粉っぽさがなくなるまで炒め、なすを加えてさっと炒める。

2. ①に分量の水を加え、煮立ったらふたを少しずらしてのせる。10分ほど煮てトマト、ゆで卵を加え、みそを溶き入れてさっと煮る。

きのこと桜えび

素材のうま味がギュッと凝縮したみそ汁

材料・2人分

- しいたけ —— 2個 ⇨ 石づきを除き、7mm幅に切る
- しめじ —— 1/2袋 (50g)
  ⇨ 石づきを除き、食べやすくほぐす
- 桜えび (乾燥) —— 大さじ2
- だし汁 —— 2と1/2カップ
- 赤みそ —— 大さじ2

作り方

1. 鍋にだし汁、きのこを入れて中火で熱し、煮立ったら弱めの中火にして5分ほど煮る。
2. ①にみそを溶き入れ、桜えびを加える。

焼きとうもろこしとアボカド

マイルドな味わいは、パンと合わせても

材料・2人分

- とうもろこし —— 1本　⇨ 包丁で粒をそぎ落とす
- アボカド —— 1個　⇨ 種と皮を除き、1cm角に切る
- バター —— 小さじ1
- だし汁 —— 2カップ
- みそ —— 大さじ1と1/2
- 粗びき黒こしょう —— 少々

作り方

1. 鍋にバターを中火で熱し、とうもろこしを入れて焼き色がつくまで2分ほど炒める。だし汁を加えてひと煮立ちさせ、みそを溶き入れる。

2. ①にアボカドを加えてさっと煮、器に盛って黒こしょうをふる。

薄切りごぼうとパセリ

にんにくを効かせ、スタミナメニューに

材料・2人分

- ごぼう —— 1/2 本（80g）
  - ⇨ 斜め薄切りにし、水に5分さらして水けをきる
- パセリ —— 1 枝　⇨ 葉先をちぎる
- にんにく —— 1 かけ　⇨ 薄切り
- だし汁 —— 2 と 1/2 カップ
- みそ —— 大さじ 1 と 1/2
- オリーブ油 —— 小さじ 1

作り方

鍋にだし汁、ごぼう、にんにくを入れて弱めの中火で熱し、煮立たせる。ふたを少しずらしてのせ、ごぼうがやわらかくなるまで10分ほど煮る。みそを溶き入れてパセリを加え、器に盛ってオリーブ油をかける。

じっくり炒めたパプリカが驚くほど甘い！

パプリカとカマンベール

材料・2人分

パプリカ（赤） ── 2個
　⇨ 種とわたを除き、縦1cm幅に切る
カマンベールチーズ
　── 1/2個（50g）

にんにく ── 1かけ　⇨ つぶす
オリーブ油 ── 小さじ2
だし汁 ── 2と1/2カップ
みそ ── 大さじ1

作り方

1. 鍋にオリーブ油、にんにくを入れて弱火で熱し、香りが立つまで炒める。パプリカを加えてふたをし、弱火にして5分ほど蒸らしながらしんなりとするまで炒める。

2. ①にだし汁を加えて中火にし、5分煮る。みそを溶き入れて器に盛り、カマンベールチーズを半分にちぎって加える。

野菜はみずみずしい食感を残し、サラダ仕立てに

かぶ、さやいんげん、スナップえんどう

材料・2人分

かぶ —— 2個
　⇨ 茎を2cmほど残して皮をむき、1.5cm幅のくし形に切る
さやいんげん —— 8本　⇨ 筋を除き、2〜3cm長さの斜め切り
スナップえんどう —— 6本　⇨ 筋を除き、斜め3等分に切る
だし汁 —— 2と1/2カップ
みそ —— 大さじ1
レモン汁 —— 小さじ1
オリーブ油 —— 小さじ1

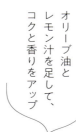

オリーブ油とレモン汁を足して、コクと香りをアップ

作り方

1. 鍋にだし汁を入れて中火で熱し、煮立ったらかぶ、さやいんげん、スナップえんどうを入れて1分30秒〜2分煮る。

2. ①にみそを溶き入れ、レモン汁、オリーブ油を加える。

バター×レモンで新しいおいしさに出合う

ズッキーニとマッシュルームのバター炒め

材料・2人分

- ズッキーニ —— 1本　⇨ 7mm幅の輪切り
- マッシュルーム（ブラウン）—— 8個　⇨ 半分に切る
- 玉ねぎ —— 1/2個　⇨ 乱切り
- バター —— 小さじ2
- だし汁 —— 2と1/2カップ
- みそ —— 大さじ2
- レモンの皮 —— 1/4個分　⇨ せん切り

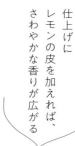

仕上げにレモンの皮を加えれば、さわやかな香りが広がる

作り方

1. 鍋にバターを中火で熱し、ズッキーニ、マッシュルーム、玉ねぎを入れてさっと炒める。

2. ①にだし汁を加え、ひと煮立ちさせる。みそを溶き入れ、レモンの皮を散らす。

やわらかく煮た、冬瓜のうま味を再実感

冬瓜と干しえび

材料・2人分

冬瓜 —— 150g　⇨ わたを除いて 2cm角に切り、皮を厚くむく
干しえび —— 大さじ 2
　　　⇨ 水 1/2 カップ（分量外）に 15 分ほど浸し、もどす
A ┌ 水 —— 2 カップ
　 └ 昆布（約 5 × 5cm）—— 1 枚
みそ —— 大さじ 1

作り方

① 鍋に干しえびをもどし汁ごと入れ、Aを加えて弱火で熱する。煮立ったら 10 分ほど煮て冬瓜を加え、弱めの中火にする。ふたを少しずらしてのせ、15 分煮る。

② ①にみそを溶き入れる。

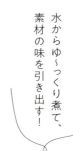

水からゆ〜っくり煮て、素材の味を引き出す！

香ばしく焼いた餅と、ねぎの甘みで至福の味へ
九条ねぎと餅

材料・2人分

九条ねぎ —— 3本　⇨ 斜め薄切り
切り餅 —— 2個
　　⇨ トースターに入れ、こんがりと焼き色がつくまで5分焼く
煮干し —— 8尾　⇨ 頭と腹わたを除く
水 —— 2と1/2カップ
みそ —— 大さじ1と1/2

作り方

① 鍋に煮干しを入れて弱火で熱し、香りが立つまでから煎りする。分量の水を加えて弱めの中火にし、5分ほど煮てアクを除く。みそを溶き入れ、ねぎを加えてさっと煮る。

② 器に焼いた切り餅を入れ、①を注ぎ入れる。

九条ねぎはさっと煮て、やわらかな食感を残す

part 2

シンプル みそ汁

「この食材も合うんだ！」と、新鮮な味わいに
出合える一品を、たっぷりとご紹介します。
具材がひとつでも物足りなさを感じない、
日々の食事に取り入れやすいみそ汁は、
リピート必至の万能メニューです。

とろっとやさしい口当たりに、からしの風味が格別！

卵と湯葉、からし風味

材料・2人分

卵 — 2個　⇨ 溶きほぐす
湯葉（乾燥でも生でも可）— 1枚
だし汁 — 2と1/2カップ
白みそ — 大さじ3
練りがらし — 小さじ1

作り方

① 鍋にだし汁を入れて中火で熱し、煮立ったら白みそを溶き入れる。弱火にして5分煮、湯葉を加えて5分煮る。中火にして溶き卵を流し入れ、火を通す。

② 器に練りがらしをぬり、①を盛る。

器に練りがらしをぬり、溶かしながらどうぞ！

ほっと安心する、シンプルな味わい

卵と絹さや

材料・2人分

絹さや —— 18枚　⇨ 筋を除く
卵 —— 2個
だし汁 —— 2と1/2カップ
みそ —— 大さじ1と1/2

作り方

① 鍋にだし汁を入れて中火で熱し、煮立ったらみそを溶き入れる。

② ①に絹さやを加えてさっと煮、卵を割り入れて火を通す。

最後に卵を入れ、好みの状態まで火を通せば完成

疲れた体に効く！ スタミナ食材を大活用
ひきわり納豆とにら

材料・2人分

- 納豆（ひきわり）── 2パック（80g）
- にら ── 1/2束　⇨ 小口切り
- 煮干し ── 8尾　⇨ 頭と腹わたを除く
- A ┌ 水 ── 2と1/2カップ
　　└ 昆布（約5×5cm）── 1枚
- みそ ── 大さじ2

作り方

① 鍋に煮干しを入れて弱火で熱し、香りが立つまでから煎りする。Aを加えて弱めの中火にし、6〜7分ほど煮てアクを除く。

② ①にみそを溶き入れ、納豆とにらを加えてさっと煮る。

納豆をたっぷり加え、栄養満点の一杯に

にらと揚げ玉

にらの風味と揚げ玉の香ばしさが絶妙

材料・2人分

にら —— 1/2 束　⇨ 3cm長さに切る
揚げ玉 —— 大さじ 4
だし汁 —— 2 と 1/2 カップ
みそ —— 大さじ 2

作り方

① 鍋にだし汁を入れて中火で熱し、煮立ったらにらを加える。

② ①にみそを溶き入れ、揚げ玉を加える。

もずくトマト

酸味が効いた、新しいおいしさの虜に！

材料・2人分

- もずく ── 100g
- トマト ── 1個 ⇨ へたを取り、ざく切り
- だし汁 ── 2と1/2カップ
- 赤みそ ── 大さじ1と1/2

作り方

1. 鍋にだし汁を入れて中火で熱し、煮立ったらもずく、トマトを加えて2分ほど煮る。
2. ①にみそを溶き入れる。

何度も食べたくなる、香り豊かな組み合わせ
つぶし大豆とパセリ

材料・2人分

- 玉ねぎ —— 1/4 個　⇨ みじん切り
- 大豆水煮 —— 60g　⇨ マッシャーかめん棒で粗くつぶす
- パセリのみじん切り —— 大さじ 6
- バター —— 小さじ 1
- だし汁 —— 2 と 1/2 カップ
- A ┌ みそ —— 大さじ 1
　　└ ゆずこしょう —— 小さじ 1

作り方

① 鍋にバターを弱火で熱し、玉ねぎを入れてしんなりとするまで炒める。大豆を加えて中火にし、さっと炒める。

② ①にだし汁を加え、煮立ったら A を溶き入れ、パセリを加える。

大豆は粗くつぶして、みそ汁との一体感アップ

香ばしく焼いた、ジューシーな油揚げが絶品

油揚げと水菜

材料・2人分

油揚げ —— 1枚　⇨ ペーパータオルではさみ、油をふく
水菜 —— 1株　⇨ 2cm長さに切る
だし汁 —— 2と1/2カップ
みそ —— 大さじ2

作り方

① フライパンに油揚げを入れ、中火で熱する。こんがりと焼き色がつくまで両面を3分ほど焼き、1cm幅に切る。

② 鍋にだし汁を入れて中火で熱し、煮立ったらみそを溶き入れる。①、水菜を加え、さっと煮る。

油揚げはカリッと焼いてから切り、歯ざわりよく!

みじん切りハムとサラダ菜

レモンで洋食材とみそ汁をさわやかにまとめる

材料・2人分

- ロースハム —— 4枚　⇨ 粗みじん切り
- サラダ菜 —— 4枚　⇨ 細切り
- だし汁 —— 2と1/2カップ
- みそ —— 大さじ1
- レモン汁 —— 小さじ2
- 粉チーズ —— 小さじ2

作り方

1. 鍋にだし汁を入れて中火で熱し、煮立ったらハムを加えてさっと煮、みそを溶き入れる。

2. 器にサラダ菜を盛って①を注ぎ入れ、レモン汁を加えて粉チーズをのせる。

わかめとベビーリーフ

フレッシュ野菜のシャキシャキ感も◎

材料・2人分

- 塩蔵わかめ —— 40g　⇨ 塩を洗い流して水に10分ほど浸し、水けをきってざく切り
- ベビーリーフ —— 1/2パック（35g）
- だし汁 —— 2と1/2カップ
- みそ —— 大さじ1
- 一味とうがらし —— 好みで少々

作り方

1. 鍋にだし汁を入れて中火で熱し、煮立ったらみそを溶き入れる。

2. 器にわかめ、ベビーリーフを入れ、①を注ぎ入れる。好みで一味とうがらしをふる。

レタスのサラダ風

さっと加熱したレタスの食感にハマりそう

材料・2人分

- レタス —— 1/4個　⇨ 大きめにちぎる
- だし汁 —— 2と1/2カップ
- みそ —— 大さじ1と1/2
- オリーブ油 —— 小さじ1

作り方

1. 鍋にだし汁を入れて中火で熱し、煮立ったらみそを溶き入れ、レタスを加えてさっと煮る。
2. ①を器に盛り、オリーブ油をかける。

レタスとかに風味かまぼこ

煮込み時間はあっという間！すぐに作れる

材料・2人分

- レタス ── 2枚　⇒ 食べやすい大きさにちぎる
- かに風味かまぼこ ── 4本　⇒ 細く裂く
- だし汁 ── 2と1/2カップ
- みそ ── 大さじ1と1/2

作り方

① 鍋にだし汁を入れて中火で熱し、煮立ったらかに風味かまぼこを加えてさっと煮、みそを溶き入れる。

② ①にレタスを加え、さっと煮る。

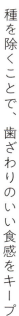

むききゅうり

種を除くことで、歯ざわりのいい食感をキープ

材料・2人分

- きゅうり ── 2本 　⇨ 皮を縞目にむき、縦半分に切る。スプーンで種を除いて5mm幅の斜め切りにし、塩少々(分量外)をもみ込んで5分ほどおく
- ごま油 ── 小さじ2
- だし汁 ── 2と1/2カップ
- みそ ── 大さじ1と1/2
- しょうが ── 1/2かけ　⇨ せん切り

作り方

1. 鍋にごま油を中火で熱し、きゅうりの水けをしぼってから入れ、さっと炒める。だし汁を加えて煮立たせ、みそを溶き入れる。

2. ①を器に盛り、しょうがを散らす。

チンゲン菜

しょうがの香りが、体にやさしくしみ渡る

材料・2人分

- チンゲン菜 —— 1株 ⇨ 葉はざく切りにし、茎は薄切り
- しょうが —— 1/2 かけ ⇨ せん切り
- ごま油 —— 小さじ 1
- だし汁 —— 2 と 1/2 カップ
- みそ —— 大さじ 1 と 1/2
- 白いりごま —— 少々

作り方

1. 鍋にごま油を弱火で熱し、しょうがを入れて炒める。香りが立ったら中火にし、チンゲン菜の茎を入れてさっと炒め、葉も加えて炒める。

2. ①にだし汁を加え、煮立ったらみそを溶き入れる。器に盛り、白ごまをふる。

丁寧に焼き、白菜のうま味を存分に引き出す

焼き白菜、ごま油風味

材料・2人分

- 白菜 —— 1/6 株（250g） ⇨ 6cm長さに切る
- ごま油 —— 大さじ 1/2
- 水 —— 2 と 1/2 カップ
- 煮干し —— 8 尾 ⇨ 頭と腹わたを除く
- みそ —— 大さじ 1 と 1/2
- しょうが —— 1/2 かけ ⇨ すりおろす

作り方

① 鍋にごま油を中火で熱し、白菜を入れて動かさずに 2 分ほど焼く。裏返してさらに 2 分焼き、分量の水、煮干しを加え、弱めの中火にする。ふたを少しずらしてのせ、5 分ほど煮てアクを除く。

② ①にみそを溶き入れ、器に盛ってしょうがをのせる。

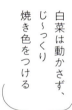

白菜は動かさず、じ〜っくり焼き色をつける

レンジ蒸しなす

仕上げにごま油を回しかけるのもオススメ

材料・2人分

なす —— 2本　⇨ 皮をむき、水に5分さらす
だし汁 —— 2と1/2カップ
赤みそ —— 大さじ1と1/2

作り方

1 なすは水けがついたまま厚手のペーパータオル、ラップの順で包む。電子レンジ（600W）で4分加熱し、粗熱が取れたら2cm幅に切る。

2 鍋にだし汁を入れ、中火で熱する。煮立ったらみそを溶き入れ、①を加えてさっと煮る。

ピーラーズッキーニ

薄く切ることで、みそ汁ともおいしくなじむ

材料・2人分

ズッキーニ —— 2本　⇨ ピーラーで縦に薄切り
だし汁 —— 2と1/2カップ
みそ —— 大さじ1と1/2

作り方

鍋にだし汁を入れて中火で熱し、煮立ったらみそを溶き入れる。ズッキーニを加え、さっと煮る。

キムチチーズ

ごま×チーズで風味よく、辛みもやわらぐ

材料・2人分

- 白菜キムチ —— 80g
- だし汁 —— 2と1/2カップ
- みそ —— 大さじ1
- ピザ用チーズ —— 20g
- 白すりごま —— 大さじ2

作り方

鍋にだし汁を入れて中火で熱し、煮立ったらキムチを加えてさっと煮る。みそを溶き入れて器に盛り、ピザ用チーズをのせて白ごまをふる。

コーンと牛乳

牛乳とチーズを合わせ、クリーミーさも倍増

材料・2人分

- ホールコーン缶 —— 100g ⇨ 缶汁をきる
- だし汁 —— 1と1/2カップ
- みそ —— 大さじ2
- 牛乳 —— 1カップ
- カッテージチーズ —— 30g

作り方

① 鍋にだし汁、コーンを入れて中火で熱し、煮立ったらみそを溶き入れる。

② ①に牛乳を加えてひと煮し、カッテージチーズを加える。

トマトと粉チーズ

丸ごと入ったトマトを、崩しながらどうぞ

材料・2人分

- トマト —— 2個　⇨ へたを取る
- だし汁 —— 2と1/2カップ
- 赤みそ —— 大さじ1と1/2
- 粉チーズ —— 大さじ1

作り方

1. 鍋にだし汁を入れて中火で熱し、煮立ったらトマトを加えて弱火にする。ふたを少しずらしてのせ、10分ほど煮てトマトを取り出し、器に盛る。

2. ①にみそを溶き入れて器に注ぎ、トマトに粉チーズをふる。

ざく切りブロッコリーと豆乳

粒マスタードの酸味で、飽きさせない

材料・2人分

- ブロッコリー —— 1/3 株 (100g)　⇨ ざく切り
- オリーブ油 —— 小さじ 2
- だし汁 —— 1 と 1/2 カップ
- 豆乳 (調整) —— 1 カップ
- みそ —— 大さじ 1 と 1/2
- 粒マスタード —— 小さじ 2

作り方

鍋にオリーブ油を中火で熱し、ブロッコリーを入れて 2 分ほど炒める。だし汁を加えて 3 分ほど煮、豆乳を加えて弱火にする。1 分ほど煮てみそを溶き入れ、粒マスタードを加える。

焼きれんこん

ごま油で焼いて香ばしく！ボリュームも最高

材料・2人分

- れんこん —— 200g
  ⇨ 乱切りにし、水に5分さらして水けをきる
- ごま油 —— 小さじ2
- だし汁 —— 2と1/2カップ
- みそ —— 大さじ1と1/2

作り方

鍋にごま油を中火で熱し、れんこんを入れて2分ほど焼きつける。だし汁を加えて煮立たせ、5分ほど煮てみそを溶き入れる。

長いものすりおろしと青のり

長いもで元気を補い、体力回復をサポート

材料・2人分

- 長いも —— 200g
- だし汁 —— 2と1/2カップ
- みそ —— 大さじ1
- 青のり —— 大さじ1

作り方

1. 鍋にだし汁を入れて中火で熱し、煮立ったらみそを溶き入れる。長いもをすりおろしながら加え、ふんわりとするまで1分30秒〜2分煮る。

2. ①を器に盛り、青のりをふる。

溶けたチーズ&甘じょっぱさがクセになる

焼きさつまいもとチーズ

材料・2人分

- さつまいも ── 小1本 (250g)
  ⇨ 2cm幅のいちょう切りにし、水に5分さらして水けをきる
- バター ── 小さじ2
- だし汁 ── 2と1/2カップ
- みそ ── 大さじ2
- ピザ用チーズ ── 大さじ1

作り方

1. 鍋にバターを中火で熱し、さつまいもを入れてこんがりと色づくまで3分ほど焼く。

2. ①にだし汁を加えてふたを少しずらしてのせ、弱火にして15分ほど煮る。みそを溶き入れて器に盛り、ピザ用チーズをのせる。

ふたを少しずらす&弱火で煮て、さつまいもの甘みを出す

じゃがいも

好みでバターをトッピングしても美味

材料・2人分

じゃがいも —— 2個
だし汁 —— 2と1/2カップ
みそ —— 大さじ1と1/2
七味とうがらし —— 少々

作り方

1. じゃがいもはよく洗い、水けがついたままラップで包む。電子レンジ（600W）で7〜8分加熱し、取り出してそのまま粗熱を取る。

2. 鍋にだし汁を入れて中火で熱し、煮立ったらみそを溶き入れる。①を木べらでつぶしてから加え、さっと煮る。器に盛り、七味とうがらしをふる。

スライスオニオン

白いりごまを足して、風味よく仕上げても

材料・2人分

- 玉ねぎ —— 1/2個 ⇨ 薄切り
- だし汁 —— 2と1/2カップ
- みそ —— 大さじ2
- 削り節 —— 1袋(4g)

作り方

1. 鍋にだし汁を入れて中火で熱し、煮立ったらみそを溶き入れる。

2. 器に玉ねぎを盛って①を注ぎ入れ、削り節をのせる。

123

えのきたけ

具材はうま味の強い"えのき"だけでOK

> **材料・2人分**

- えのきたけ ── 1袋　⇨ 石づきを除き、3cm長さに切る
- だし汁 ── 2と1/2カップ
- みそ ── 大さじ1と1/2
- 赤じそふりかけ ── 少々

> **作り方**

① 鍋にだし汁、えのきたけを入れて弱火で熱し、煮立ったら5分ほど煮る。

② ①にみそを溶き入れ、器に盛って赤じそふりかけをふる。

みょうが

いつもは脇役のみょうがを主役に！

材料・2人分

みょうが —— 6個
  ⇨ 斜め薄切りにし、水に5分さらして水けをきる
だし汁 —— 2と1/2カップ
赤みそ —— 大さじ1と1/2

作り方

鍋にだし汁を入れ、中火で熱する。煮立ったらみそを溶き入れ、みょうがを加える。

クレソン

みそ汁の新たな魅力を実感できる一杯

材料・2人分

- クレソン —— 2束
  ⇨ 葉先は摘み、茎は3cm長さの斜め切り
- だし汁 —— 2と1/2カップ
- みそ —— 大さじ1と1/2
- レモン —— 1/8個 ⇨ 縦半分に切る
- オリーブ油、粗びき黒こしょう —— 各少々

作り方

① 鍋にだし汁を入れて中火で熱し、煮立ったらみそを溶き入れる。

② 器にクレソンを盛り、①を注ぎ入れる。レモンをしぼってオリーブ油をかけ、黒こしょうをふる。

パクチーとしじみ

定番の味をパクチーの香りでアレンジ

材料・2人分

- しじみ — 250g ⇨ 水に1時間ほど浸し、流水で殻をこすり合わせてよく洗う
- パクチー — 1/2株 ⇨ ざく切り
- A ┌ 昆布（約5×5cm）— 1枚
    └ 水 — 2と1/2カップ
- 赤みそ — 大さじ2

作り方

1. 鍋にしじみ、Aを入れて弱めの中火で熱し、煮立たせないように10分ほど煮る。しじみの殻が開いたら、アクを除く。

2. ①にみそを溶き入れ、器に盛ってパクチーをのせる。

堤 人美
（つつみ ひとみ）

料理家
身近な食材や調味料を活用した、誰でも作りやすいレシピを提案し、人気を集める。今までに食べたことのない、新しいおいしさへと導くアイデアにも定評があり、心をぎゅっとつかむ料理の数々は、くり返し作りたくなるものばかり。雑誌、書籍、テレビ、広告などでも幅広く活躍している。『豆腐100レシピ』（学研プラス）、『香り野菜が好き！ さっぱり、ピリッとクセになる！ おかずとおつまみ』（家の光協会）など、著書も多数。

staff
撮影／豊田朋子
デザイン／野本奈保子（ノモグラム）
DTP／POPGROUP
調理アシスタント／池田美希、中村弘子
撮影協力／UTUWA
スタイリング・取材・文／中田裕子
編集／中村直子

まんぷくみそ汁

2018年9月29日　第1刷発行
2022年12月21日　第3刷発行

著者	堤 人美
発行人	蓮見清一
発行所	株式会社宝島社
	〒102-8388
	東京都千代田区一番町25番地
	03-3234-4621（営業）
	03-3239-0927（編集）
	https://tkj.jp
印刷・製本	サンケイ総合印刷株式会社

本書の無断転載・複製を禁じます。
落丁・乱丁本はお取り替えいたします。

©Hitomi Tsutsumi 2018 Printed in Japan
ISBN978-4-8002-8499-0